D1701206

34
Alfred Binder
Präsident Stiftungsrat
GRUSSWORT

36
Jørg Himmelreich
Architekturhistoriker
GESTALTWANDEL

35
Emil Gehri
Ortschronist
PASSION UND EIGENSINN

39
Martin Salm
Leiter Botanischer Garten
EIN BESONDERER GARTEN

41
Rudolf Wellauer
Stahlbauer
EINE BAUSTELLE IM WALD

45
Abbildungsnachweis

Alfred Binder
GRUSSWORT

Einen botanischen Garten zu führen, ist keine typische Aufgabe für eine Bank, dafür aber eine umso reizvollere. Die Zürcher Kantonalbank hat den Botanischen Garten, der seit mehr als fünfzig Jahren besteht, 1979 erworben; 1988 hat sie ihn in eine Stiftung überführt. Über die Jahrzehnte ist die Sammlung einzigartiger Pflanzen stetig gewachsen; sie sind gross und prächtig geworden. Doch gleichzeitig wurde die Infrastruktur immer älter, und der Stiftungsrat stand vor dem Problem, sie erneuern zu müssen. Vor allem die Gewächs- und Schauhäuser mussten abgebrochen oder ersetzt werden.

Der Bankrat der Zürcher Kantonalbank entschied sich für eine Erneuerung. Entstanden ist ein architektonisches Unikat, das bereits heute in Fachkreisen viel Anerkennung geniesst. Dies zeigen die Berichte in der nationalen und internationalen Fachpresse. Die Attraktivität der Architektur wie auch die darin gezeigte subtropische Flora sollen den künftigen Besucherinnen und Besuchern viel Freude und Sonne in ihre Herzen bringen. Der Stiftungsrat des Botanischen Gartens ist stolz auf das neue Gebäude: Der «Diamant von Grüningen» – so wurde das Schauhaus in einem Namenswettbewerb bei der Eröffnung getauft – soll das Engagement der Zürcher Kantonalbank für den Garten aufzeigen. Uns ist wichtig, dass die Zürcher Bevölkerung sieht und erlebt, dass ihre Bank ihren gesetzlichen Auftrag wahrnimmt und sich für die Förderung der Lebensqualität in der Region engagiert.

Wir danken allen Beteiligten, vor allem aber unserem Projektleiter Markus Leu, welcher mit fachmännischem Wissen und grossem Einfühlungsvermögen die grossen, nicht ganz alltäglichen Problemstellungen vorzüglich gelöst hat. Der Stiftungsrat freut sich, dass die Höhen, aber auch die Hürden beim Entstehen dieses Meisterwerkes nun in einem Buch zusammengefasst sind. Wir hoffen, dass die Texte der Autoren und die wunderbaren Fotografien von Markus Bertschi und Ladina Bischoff den Zauber des Gartens spürbar machen und viele der Leserinnen und Leser in den Botanischen Garten von Grüningen locken werden.

Emil Gehri
PASSION UND EIGENSINN

Die Geschichte des Botanischen Gartens Grüningen ist untrennbar mit der Person seines Gründers verbunden. Während die meisten vergleichbaren Anlagen von Hochschulen zu Forschungszwecken betrieben oder von Städten als öffentliche Parkanlage geführt werden, war der Garten in Grüningen das private Reich von Arthur Amsler. Er hat den Park auf einer ehemaligen Landwirtschaftsfläche eingerichtet und einen Grossteil seiner Zeit und seiner finanziellen Mittel darauf konzentriert. Amslers Persönlichkeit war sehr ungewöhnlich: Als Mensch hatte er zwei Seiten. Er war vernarrt in Pflanzen und ein Tierfreund. Auf der anderen Seite war er ein hartnäckiger und zuweilen unangenehmer Zeitgenosse. Der 1920 geborene Kaufmann war verheiratet und wohnte mit seiner Frau in Zürich-Seefeld. Er betrieb verschiedene Handelsfirmen, jedoch wenig erfolgreich. Zum Zeitpunkt des Landkaufes in Grüningen leitete er als Alleininhaber die Firma AG für Verkehrswerke, die hauptsächlich Heizöl importierte.

1961 hielt er Ausschau nach einem geeigneten Stück Land für die Schaffung einer grosszügigen Gartenanlage mit verschiedenenen Hölzern und Pflanzen. Er fand es im 1,6 Hektar grossen Grundstück an der Strasse zwischen Grüningen und dessen Weiler Adletshusen: Neben einem Moränenhügel liegen ein Bachlauf und eine kleine Waldung. Der erste Kontakt mit dem Landbesitzer, dem Kleinbauern und Viehhändler Tanner, ergab sich beim Zahnarztbesuch. Bald darauf sprach der stämmige und redegewandte Arthur Amsler in Begleitung eines gewitzten Rechtsanwaltes erneut beim Landwirt vor und unterbreitete ihm ein Angebot für den Kauf des Grundstücks. Das Land war zur Zeit des Zweiten Weltkrieges gerodet worden, um Weisskohl zu pflanzen. Tanner zeigte sich vorerst skeptisch, da er jedoch keine geeigneten Maschinen besass, bereitete ihm die Bewirtschaftung des Grundstückes zunehmend Mühe. Nach mehreren Treffen wurde man sich handelseinig.

Als erste Massnahme nach dem Landkauf liess Arthur Amsler das Grundstück mit einem hohen Zaun einfrieden, was die einheimische Bevölkerung misstrauisch stimmte. Man fragte sich: Was genau treibt er dort? Die Gemüter konnten sich erst beruhigen, als ein Jahr später ein Gärtner-Gerätehaus und noch ein Jahr darauf ein erstes Gewächshaus entstand und damit klar wurde, dass tatsächlich ein botanischer Garten eingerichtet wurde. Amsler überführte das Privatgrundstück 1961 in die von ihm gegründeten Firma Arboreta Holding AG, deren Alleininhaber er war. Er beabsichtigte, auf der Anhöhe des Grundstücks ein Wohnhaus und Bürogebäude zu bauen. Doch dieser Plan zerschlug sich aus baurechtlichen Gründen, da der Garten im Landwirtschaftsgebiet liegt. 1967 erteilte der Gemeinderat lediglich die Bewilligung für eine beschränkte Wohnnutzung des erstellten Gärtnerhauses. Dort lebte Telsche Fromhein, die als Mitarbeiterin tätig war, zusammen mit ihrer Tochter Sibylle. Amslers Ehefrau aus Zürich wurde fast nie im Garten gesehen.

Mit grossem Einsatz und Idealismus wurden die Anlage und die Bepflanzungen ständig erweitert. Amsler hatte sich sein Wissen im Pflanzenbau autodidaktisch angeeignet. Er bezeichnete sich als Dendrologe, als Erforscher von Bäumen und Gehölz. In den Besitz von teilweise äusserst seltenen Samen gelangte er durch weltweite Kontakte mit anderen botanischen Gärten. Täglich fuhr er mit seinem Auto aus Zürich-Seefeld nach Grüningen und war im Garten anzutreffen. Er half beim bepflanzen, überwachte die Mitarbeiter und deligierte lautstark die Arbeit. Beauftragte Handwerker – beispielsweise für Wege und Befestigungen oder die Wasserleitungen des neu angelegten Weihers – hatten nicht immer Freude an ihrem Auftraggeber. Amsler war ein knallharter Geschäftsmann. Nicht selten wurden Diskussionen zu Streitfällen, die vor dem Richter endeten.

1970 musste die Arboreta AG Konkurs anmelden. Um am Garten dennoch weiterbauen zu können, erfand Amsler eine neue Gesellschaft: Unter Einbeziehung verschiedener wissenschaftlicher Fachleute und finanzieller Berater wurde die Firma Arboretum und Botanischer Garten AG gegründet. Amsler überzeugte mehrere Bekannte, als Teilhaber in den Garten zu investieren. Sie hofften, man könne ihn auf eine wirtschaftlich Basis stellen, sahen den Garten als Kapitalanlage oder hofften sogar, Profit aus der Beteiligung schlagen zu können. Der bekannte Rosenzüchter Hinrich Kordes übernahm zeitweise das Präsidium der Arboretum und Botanischer Garten AG und von 1970 bis 1973 war Peter Pretscher als Leiter tätig. Der Garten wurde teilweise nach Pflanzenfamilien neu geordnet und ausgebaut.

1973 nahm Arthur Amslers Leben eine entscheidende Wende. Die Ölkrise brachte ihn wie viele andere freie Importeure finanziell in Bedrängnis. Freunden erzählte er, ein von ihm gechartertes Schiff wäre vor der Küste des Irans versenkt worden. Er musste seine Firma auflösen und die Tätigkeit in der Rohölbranche aufgeben. Die notwendigen Mittel, um sein anspruchsvolles Hobby zu finanzieren, versiegten. Entsprechend wurde es immer schwieriger, das Aufziehen von seltenen und wertvollen Blumen, Sträuchern und Bäumen, deren Pfege und die Löhne der Angestellten zu finanzieren. Im Kampf um das Überleben des Gartens sah er sich gezwungen, seine Kunstsammlung mit wertvollen Gemälden und seltenen asiatischen Skulpturen zu liquidieren. Er stellte von nun an seine Arbeitskraft voll in den Dienst des Gartens. Täglich sah man ihn mit seinem Elektrokarren durch die Anlage fahren, Pflanzen und Gewächse studieren und mit lauter Stimme den Angestellten Weisungen erteilen. Dazwischen gönnte er sich unter der Pergola Ruhe, genoss die Natur, beobachtete und lauschte den Vögeln, sang mit kraftvoller Stimme Verdi-Arien und überliess den frechen Eichhörnchen sein Dessert. Längst war klar, dass Amsler den Garten nicht mehr lange alleine werde finanzieren können. Die finanzielle Bedrängnis drohte sich bis zum erneuten Konkurs auszuweiten, was die Schliessung und die Liquidation des Gartens bedeutet hätte. Um diesem Schicksal erneut zu entkommen, versuchte Amsler, zusammen mit Freunden eine Genossenschaft

Jörg Himmelreich
GESTALTWANDEL

idA Architekten haben ein bemerkenswertes Gewächshaus im Botanischen Garten von Grüningen errichtet: ein graziles Glashaus, welches vom jüngeren Dogma weitgespannter stützenfreier Hallen abrückt und den Pfeiler als konstruktives wie expressives Element wiederentdeckt – und dabei ein spannendes Statement für Komplexität im Schweizer Bauen macht.

Exotische Oase
Der Botanische Garten Grüningen liegt im ländlichen Raum, circa zwanzig Kilometer südöstlich von Zürich. An der Landstrasse von Grünigen zum Weiler Adletshusen gelegen, unterscheidet sich die Anlage zunächst kaum von den vielen kleinen Waldresten, die ringsum in die Felder des Zürcher Oberlandes eingestreut sind. Nur ein Zaun deutet an, dass dort eine besondere Attraktion zu finden ist. Betritt man den Park vom kleinen Besucherparkplatz aus, schlängeln sich gepflasterte Wege an Eichen, Buchen, Eschen und Erlen vorbei. Zunächst gleicht der Garten auch hier einem lichten Wald. Dringt man tiefer in die Anlage vor, wird jedoch deutlich ablesbar, dass die Pflanzen ausgewählt und arrangiert wurden – es folgen Stein-, Rosen- und Kräutergärten, die sich einen kleinen Muränenhügel hinaufstaffeln. Die Abgeschiedenheit macht den Park zu einer Oase der Ruhe. Die teilweise über fünfzig Jahre alten und hohen Pflanzen sorgen für eine verwunschene Atmosphäre. Ein zeltförmiges Ganzdachhaus und Laternen entlang des Weges verströmen den Charme der Sechzigerjahre und geben Zeugnis von der Entstehungszeit der Anlage.

Neue Konzepte
Die Zürcher Kantonalbank hat den Park 1979 vom Privatmann Arthur Amsler übernommen und die ETH nutzte das Areal als Versuchsgarten. Die Bank war einige Zeit unschlüssig, was sie mit dem Gelände tun solle und entschied letztlich, den Garten in eine Stiftung umzuwandeln und ihn damit dauerhaft als Erholungsgebiet zu erhalten. Markus Leu, der ab 2001 mit der Bewirtschaftung aller Betriebsliegenschaften der Bank einschliesslich des Gartens beauftragt war, erkannte, dass grundlegend in die Infrastruktur investiert werden musste, um den

in Form einer Finanzierungsgesellschaft unter Beibehaltung der Besitzesverhältnisse zu gründen. Diese Aktion stiess auf wenig Widerhall und blieb entsprechend erfolglos. 1976 wurde dann der Versuch unternommen, den Garten unter Beteiligung der Gemeinden im Zürcher Oberland und der Zürichseegemeinden an den Kanton zu verkaufen oder in eine Stiftung zu überführen. Auch diese Bemühungen verliefen im Sand. Zur Überbrückung der finanziellen Notlage konnte das Institut für spezielle Botanik der ETH Zürich gewonnen werden. Es übernahm für ein Jahr provisorisch die Leitung und half bei der Pflege der Pflanzen. Doch die Zusammenarbeit zwischen Amsler und den Professoren lief nicht gut.

Im folgenden Jahr folgte der entscheidende Schritt zur Rettung: Die Zürcher Kantonalbank, bei der Amsler den Garten mit einer Hypothek beliehen hatte, entschied sich, ihn als Eigentum zu übernehmen. Zuerst wusste man bei der Bank nicht so recht, was man mit dem Garten anfangen sollte. Doch erkannte man bald, dass er als Aushängeschild wertvoll sein und das Image der Bank viel besser fördern konnte, als teure Prospekte. Die ZKB erneuerte den beschränkten Nutzungsvertrag mit der ETH. Damit war der von Arthur Amsler über fünfzehn Jahre lang aufgebaute botanische Garten gerettet. Amsler war froh, dass sein Garten mit der Kantonalbank einen soliden neuen Eigentümer gefunden hatte. Dass er als Betriebsleiter weiter im Garten tätig sein durfte, milderte seine Wehmut, nicht mehr selbst Herr und Meister zu sein. Zahlreichen Besuchern gab er engagierte Führungen durch den Park. Seine ausgeprägte Persönlichkeit machte die Zusammenarbeit mit der neuen Eigentümerin und den Fachberatern der ETH aber nicht einfach. Es gab permanent Streit – angefangen bei kleinen Details bis hin zur Finanzierung. Im November 1987, als Amsler 67 Jahre und damit im Pensionierungsalter war, wurde das Arbeitsverhältnis aufgelöst und Martin Salm als neuer Betriebsleiter eingestellt. Auch diese Ablösung ging nicht ohne Misstöne über die Bühne. Amsler weigerte sich strikt, die Schlüssel für den Garten abzugeben, weshalb kurzerhand die Schlösser ausgetauscht wurden. Amsler wäre als Gast im Garten willkommen gewesen, zog es aber vor, abends im Schritttempo die Strasse neben dem Garten entlangzufahren und sehnsüchtige Blicke auf sein Lebenswerk zu werfen. 1991 verstarb er im Alter von 72 Jahren. Heute erinnert nicht viel im Garten an seinen Gründer. Doch wer nach der Lektüre dieses Büchleins den Garten besucht, kann sich beim Flanieren unter der Pergola vielleicht vorstellen, wie Amsler dort mit Genugtuung und Freude über sein grünes Gartenreich blickte.

Garten für Besucher attraktiv zu machen. Auf seine
Initiative hin wurden zwischen 2002 und 2004 alle Wege
mit Zementpflastersteinen neu belegt, deren Verlauf
teilweise geändert und kleine Plätze eingefügt. 2007, zum
hundertjährigen Jubiläum des Gärtnermeisterver-
bandes des Zürcher Oberlandes, wurde der bestehende
Parkplatz mithilfe von Lehrlingen der Bank und der
Gärtnerbetriebe des Zürcher Oberlandes erneuert. Diese
baulichen Impulse gaben dem Garten bereits eine
gepflegte Erscheinung. Doch wurde damit umso deutlicher,
dass auch die beiden 1963 erbauten Gewächshäuser
zur Anzucht und Präsentation subtropischer Pflanzen im
Zentrum der Anlage erneuerungsbedürftig waren.
Sie waren weder optisch attraktiv noch energetisch effi-
zient. Das Architekturbüro BBP wurde mit einer
Studie beauftragt. In einer Arbeitsgemeinschaft mit idA
überzeugten sie mit dem Vorschlag, an gleicher Stelle
ein neues, ausdrucksstarkes Schauhaus zu errichten und
die Anzucht in ein Standardgewächshaus im hinteren
Teil des Parks zu verlegen. Markus Leu stellte das Projekt
dem Stiftungsrat des Gartens und dem Bankrat vor und
erreichte, dass für den Neubau ein Budget von
1,9 Millionen Franken bereitgestellt wurde. Es folgte eine
Ausschreibung zwischen vier Büros aus der Region.
Der Auftraggeber dachte anfänglich lediglich an einen neu-
en Glaskubus, idA überzeugten aber recht schnell
mit Ideen für ein Gebäude mit hoher Strahlkraft. Es wurde
deutlich, dass nur ein kontextuell verankertes und
ausdrucksstarkes Gebäude die Erneuerung des Gartens
verkörpern und der Anlage wie auch dem Engagement der ZKB Ausdruck verleihen konnte. Der Erfolg des
fertiggestellten Gebäudes gibt der Entscheidung im
Nachhinein recht. Denn seit einem Jahr zieht der Neubau
nicht nur Erholungssuchende und Pflanzenliebhaber
nach Grüningen, sondern lockt auch viele architekturaffine
Besucher an.

Übersetzung
idA Architekten haben nach einem Entwurf mit
starkem Bezug zum Ort gesucht und von Anfang an einen
Glaspalast in der Tradition Joseph Paxtons ausge-
schlossen. In Ermangelung geeigneter baulicher Bezüge,
wurde der Wald zur Referenz erklärt. Die Lücke im
Wald, die durch den Abbruch der beiden alten Gewächshäuser entstanden war, sollte wieder geschlossen

Martin Salm
EIN BESONDERER GARTEN

Ein botanischer Garten ist meistens eine nach Herkunft geordnete Anpflanzung von Bäumen, Sträuchern und krautigen Pflanzen. Gewächse aus Asien, Nordamerika, aus dem Gebirge oder aus der Region werden gruppiert. Der Botanische Garten Grüningen ist hierbei – wie auch in vielen anderen Aspekten – ein Spezialfall. In der Anfangszeit wurden zwar ein Rhodoretum, ein Alpinum und ein Steingarten ausgeschieden. Im Rest des Gartens jedoch wurde gepflanzt, was gerade im Handel erhältlich war. So sind Grossgehölze wie Laub- oder Nadelblatt im ganzen Garten verteilt und in deren Umkreis wachsen Sträucher, Stauden und Beikräuter je nach Lichtangebot.

Ziel und Zweck eines botanischen Gartens ist der Erhalt der immer stärker zurückgedrängten Artenvielfalt. Dazu werden bedrohte Pflanzen vermehrt – mit dem Ziel, sie im Park zu zeigen und gegebenenfalls wieder in die Natur zu integrieren. Die meisten botanischen Gärten dienen dem Studium der Botanik, bieten aber auch anderen Fachrichtungen Anschauungsmöglichkeiten. Zu uns kommen vor allem Volksschulklassen, um einen botanischen Parcours zu absolvieren, auf dem sie einheimische Pflanzen kennenlernen, Seife oder Kräutershampoo herstellen oder beobachten können, wie Pflanzenreste im Kompost abgebaut werden und welche Tiere sich darin tummeln. Nicht zuletzt soll der Garten vor allem ein Ort der Ruhe und der Besinnung sein.

Mit seinen vielen Grossgehölzen hat der Botanische Garten Grüningen den Charakter eines Arboretums – eine Sammlung von Bäumen und Sträuchern. Darauf hatte Gründer und Besitzer Arthur Amsler in den Anfangsjahren des Gartens seinen Schwerpunkt gelegt. Um diesen Charakter des Gartens beizubehalten, ist uns die Pflege der Grossgehölze ein besonderes Anliegen.

Ursprünglich war das Gebiet Landwirtschaftsland und frei von Bäumen und Sträuchern. Lediglich im Bereich des Teiches war ein Baumbestand vorhanden. Wir haben ihn um Pflanzen des einheimischen Mischwaldes ergänzt. Sämtliche anderen Gewächse wurden im Laufe der Jahre gepflanzt. Einige haben über die Jahre stattliche Grössen erreicht, der höchste Nadelbaum etwa ist eine dreissig Meter hohe Douglasie, welche in der Nähe des Moorbeets steht. Auf einer Aufnahme aus dem Jahre 1971 ist der Baum erst drei Meter hoch. Circa drei Viertel des Pflanzenbestandes sind exotisch. Wobei «exotisch» nicht «tropisch» bedeutet, sondern schlicht und einfach «nicht einheimisch». So sind Pflanzen aus allen Teilen der Welt bei uns anzutreffen: Neuseeländischer Schnurbaum, Numidische Tanne aus Afrika, Krim-Kiefer, Goldbirke aus Asien oder Mammutbaum aus Amerika. Unsere Besucher können auf kleinstem Raum eine botanische Weltreise absolvieren.

Früher wurden die Pflanzen in Gärtnereien und Baumschulen europaweit eingekauft. Heutzutage werden unsere Pflanzen, mit wenigen Ausnahmen, selber angezogen. Über den Samenaustausch mit anderen botanischen Gärten weltweit kommen wir jeweils zu Samen seltener oder spezieller Gewächse. Die Anzucht einiger Pflanzen bis zur möglichen Auspflanzung im Garten kann Jahre dauern. So zogen wir eine chinesische Tanne neun Jahre lang gross, bis sie als achtzig Zentimeter hohe Jungpflanze in den Garten gesetzt werden konnte. Bei anderen Pflanzen geht es wesentlich schneller. So benötigt der von uns jährlich in die Rabatten gepflanzte Sommerflor lediglich ein paar Wochen von der Keimung bis zur Blüte. Wie es der Name aber sagt, werden diese Pflanzen lediglich ein Jahr alt. Hingegen – um auf die chinesische Tanne zurückzukommen – können manche Bäume mehrere Hundert Jahre alt werden.

Der Anziehungspunkt in jedem botanischen Garten ist das Schauhaus. Dem Stiftungsrat war klar: Dies war und ist bei uns nicht anders. Wir waren von den Neubauplänen überzeugt. Dennoch kam bei uns Gartenangestellten Wehmut auf, als der von uns über Jahrzehnte gehegte und gepflegte Pflanzenbestand des alten Gewächshauses ausgegraben und die beiden Gewächshäuser abgerissen werden mussten. Als dann aber der Neubau in die Höhe wuchs und Konturen annahm, wurde uns allen bewusst, welch wunderbares Kunstwerk das neue Schauhaus ist. Wir haben versucht, unser Wissen über die Klimatisierung von Gewächshäusern einzubringen. Da es sich beim Neubau um ein Unikat handelt, hatten wir keine Vergleichsmöglichkeiten, um Rückschlüsse auf Temperaturführung und Wachstumsbedingungen zu ziehen. Doch alles hat sich wunderbar entwickelt. Die Bepflanzung hat von Anfang an für etliche freudige Überraschungen gesorgt. Der Bestand hat sich – trotz des Winters – in den letzten neun Monaten prächtig entwickelt, und wie es scheint, können wir auch im Gewächshaus bald den Charakter des Arboretums weiterführen und unseren Besuchern eine grosse Palette von Palmen und anderen subtropischen und tropischen Bäumen präsentieren.

werden – mit einer Architektur, die in Logik, Struktur und Ausdruck von den Bäumen inspiriert ist. Sie entwarfen einen Cluster gleich hoher, schirmartiger und aneinanderstossender Strukturen. Während des Entwurfsprozesses wurden die ovalen «Baumkronen» zu vier unregelmässigen Sechsecken vereinfacht. Mikroskopische Schnitte durch Zellgewebe und das damit in Bezug stehende Voronoi-Diagramm dienten als Inspiration: Sie assoziierten im Grundriss die Baumstämme und Pfeiler mit Zellkernen und die Umrisse von Baumkronen und den vier Stahlschirmen mit den Zellmembranen des Diagramms. Während der Grundriss damit Bezüge zur Kleinstruktur von Lebewesen herstellt, baut die Form der Gewächshauspfeiler einen Bezug zur Morphologie der Bäume auf. Jeder «Stamm» besteht aus zwölf Rippen, diese gehen in «Äste» mit unterschiedlichen Neigungen über, wodurch eine mehrfach geknickte Dachfläche entsteht. Die Geometrie der Pfeiler ist dabei komplexer, als sie auf den ersten Blick erscheint, denn jeder «Baum» ist individuell aufgefächert und die Rippen sind nicht ganz radial, sondern in variierenden Winkeln angeordnet. Ein umlaufender Kranz, der die Rippenenden verbindet, gibt dem Gebäude eine klare Umrissform. Da die Glasfassade nicht immer auf dem Kranz geführt wird, sondern mitunter entlang der Rippen nach innen verspringt, kragen einige «Äste» ausserhalb der Klimahülle aus und machen die Analogie zu den Bäumen ablesbar.

Komplexität konstruieren
Die Umsetzung war anspruchsvoll: Alle Fachplaner wurden im Verlauf des Planungsprozesses einmal ausgetauscht, und erst ein spezialisierter Stahl- und Glasingenieur konnte passende konstruktive Lösungen entwickeln. Da die Pfeiler zu gross für den Transport auf der Strasse und zu schwer für Hubschrauber waren, wurde die Konstruktion vor Ort geschweisst. Die Glasfassade steht auf Streifenfundamenten und wird oben von den Stahlrippen und dem Kranz gehalten. Dort müssen Windbewegungen und thermische Verformungen des Stahls von bis zu zehn Zentimetern aufgenommen werden. Um die Bauzeit kurz zu halten, wurden alle Gläser geschnitten, bevor die Stahlstruktur geschweisst war. Obwohl nur Toleranzen von einem Zentimeter bestanden, musste keine Scheibe neu angefertigt werden.

Rudolf Wellauer
EINE BAUSTELLE IM WALD

Für gewöhnlich liegen die Baustellen, auf denen ich arbeite, inmitten von Städten, oft an dichten Verkehrsknotenpunkten, umtost vom Verkehrslärm und der Hektik der Stadt. Die Baustelle des Schauhauses im Botanischen Garten Grüningen war da ganz anders. Sie lag umgeben von den Pflanzen des über die Wintermonate geschlossenen Parks. Ausser den Gärtnern bekam man niemanden zu Gesicht und musste daher auch nichts absperren. Nur ein paar Tiere haben uns ab und an besucht.

Für die Fachplanung und Ausführung dieses besonderen Bauwerks wurde die Firma Tuchschmid ausgewählt. Wir verfügen im Bereich des Stahlbaus über das nötige Fachwissen für Statik, Planung und Herstellung. Die genaue Produktion ist das eine, die präzise Montage das andere. Wir haben auch ein gutes Schlosserteam und wissen, wie man positioniert, schweisst und Richtarbeiten durch wärmen an den richtigen Stellen vornimmt. Ich habe immer wieder besondere Stahlkonstruktionen umsetzen dürfen, beispielsweise vor drei Jahren am Bahnhof Wädenswil das wellenförmige Dach über dem Busbahnhof. In Chur haben wir die mit Cortenstahl verkleidete und überdachte Betontreppe zur Kantonsschule von Plessur nach Halde ausgeführt.

Die Bauarbeiten in Grüningen begannen im November 2012. Zuerst kontrollierten wir die Lage und Höhe der von der Baufirma gesetzten Betonfundamente. Danach wurden die in der Werkstatt vorgefertigten 3,5 Tonnen schweren «Stämme» angeliefert. Sie umschliessen jeweils ein 100-Millimeter-Rohr, durch welches das Wasser von den Dachflächen abgeführt wird. Das Aufstellen erfolgte mit einem Autokran, der bis zu fünfzig Tonnen heben kann. Obwohl alle Masse peinlich genau im CAAD geplant, festgelegt und präzise in der Fabrik zugeschnitten wurden, fragten wir uns beim Aufrichten dennoch, ob wohl alle Winkel für die Anschlüsse der Äste stimmen würden. Wir erstellten ein Flächengerüst, um die in 4,60 bis 5,50 Meter Höhe liegenden Anschlusspunkte in Reichweite zu haben. Dann begann das Montieren der ersten «Äste». Sie wurden auf der auskragenden Seite auf Hilfsstützen aufgelegt und an den «Stämmen» mit diversen Klemmen befestigt. Jeder Pfeiler hat jeweils vierzehn Laschen aus vierzig Millimeter dickem Flachstahl, die am Stamm vertikal aufsteigen und dann in gleich dimensionierte, aber unterschiedlich geneigte Dachlamellen übergehen. Sie wirken statisch als dreidimensionale Giebelrahmen mit unterschiedlichen Spannweiten von 14 bis 19 Metern. Sämtliche Kreuzungspunkte sind statisch tragend und stützenfrei. Auf die Lamellen wurde ein 80/20 Millimeter-Flachstahl aufgeschweisst – dadurch wirken sie als T-Stahlträger.

Das Ganze ist wie ein unsymmetrisches Puzzle. Bei der Stahlkonstruktion des Schauhauses gibt es keine gleichen Teile. Jedes Element hatte eine Nummer und musste gemäss Plan richtig eingebaut werden. Nach dem präzisen Ausrichten mit Theodoliten und Lasern in allen Lagen wurden die Äste verschweisst. Dabei konnten maximal Lücken von fünf bis sechs Millimetern gefüllt werden. Als Dachrand und optischer Abschluss wurde eine 350/20 Millimeter grosse Blende angebracht.

Da das Gebäude zur Eröffnung des Botanischen Gartens im Juni fertig sein sollte, wurde während des Winters pausenlos gearbeitet. Fast alles wurde geschweisst und nur wenig geschraubt. Wegen der Kälte, mussten die Schweissstellen vorgewärmt werden. Der Aufbau ist gar nicht so einfach, wie es klingt, denn beim Schweissen verziehen sich die Stahlteile in einigen Fällen. Dann muss man sie nachträglich durch Erhitzen wieder begradigen. Nach und nach wurden alle Äste gerichtet, montiert und verschweisst. Die Optik ist wichtig! Die Nähte wurden sorgsam verschliffen, damit die Struktur wie aus einem Guss wirkt. Danach wurde der Korrosionsschutz ausgebessert und mehrere Farbschichten aufgetragen. Nach vier Monaten hatten wir die Stahlkonstruktion aufgerichtet. Und siehe da: Alle Teile und Winkel stimmten genau!

Als nächstes folgte das Verglasen – eine weitere Herausforderung! Normalerweise werden die Masse an der fertiggestellten Struktur gemessen und die Gläser dann zugeschnitten, was in der Regel drei Monate dauert. Doch wegen des kurzen Zeitfensters zur Fertigstellung war das unmöglich. Alle Gläser wurden bereits vor dem Aufbau der Stahlstruktur angefertigt. Wegen der Grösse der Dachflächen mussten sie jeweils in ein dreieckiges und ein trapezförmiges Element aufgeteilt werden. Wie die Stahlteile, waren auch alle Dachgläser verschieden in Winkeln und Massen. Ob sie wohl alle passen würden? Zuerst wurden auf die T-Stahlträger vierzig verschiedene, gefräste, schwarze Kunststoffabstandshalter gelegt. Darauf kam ein spezielles Klebeband und Neoprenstreifen. Die Gläser durften sich nicht verschieben, bis die Fugen versiegelt wurden. Vom Parkplatz wurden die bis zu 1,5 Tonnen schweren Scheiben mit einem Spezialkran über die Bäume gehoben und anschliessend eingesetzt. Sie passten alle genau! Für die gläsernen «Wände», Türen und Fensterrahmen wurde unten auf dem Betonfrostriegel ein Stahlwinkel montiert, in den die Scheiben hineingestellt wurden. Die Glasabschnitte sind vertikal nur durch Fugen verbunden und werden seitlich in den Stämmen geführt. Insgesamt haben wir 480 Quadratmeter Glas verbaut. Nachdem die Scheiben montiert und verklebt waren, wurden die Verschraubungen durch Blenden abgedeckt. Dann konnte das Gerüst abgebaut und das fertige Bauwerk begutachtet werden. Wir waren zufrieden!

Im Verlauf der Arbeiten auf der Baustelle haben wir den Wechsel der Jahreszeiten – Spätherbst, Winter und Frühling – hautnah miterlebt. Besonders lebhaft erinnere mich daran, wie im Frühjahr in den Beeten rund um die Baustelle die Tulpen blühten und mit Fertigstellung des Schauhauses das Bauwerk auf einmal nicht mehr im Wald, sondern in einem Meer aus Blüten stand.

Um im Winter die Wärme im Innenraum möglichst effektiv speichern zu können – und aus Sicherheitsgründen –, wurden statt der bei Gewächshäusern üblichen Einfachverglasungen Verbund-Sicherheitsscheiben verwendet. Dabei kamen spezielle Folien zum Einsatz, damit dennoch so wenig UV-Licht wie möglich absorbiert wird. Die starke Sonneneinstrahlung in den Sommermonaten wiederum machte ein ausgeklügeltes Lüftungs- und Beschattungskonzept notwendig, um das Innenklima für die subtropischen Pflanzen möglichst konstant zu halten. Dreieckige Sonnensegel über den Dachpaneelen mindern die Erwärmung, und seitliche Lüftungsflügel regeln Luftzufuhr und CO_2-Haushalt. Im Winter kann geheizt und mit mobilen Strahlern Licht zugeführt werden. Mit einem Windgerät wird die Luft in Bewegung gehalten – eine weitere wichtige Bedingung, damit die Pflanzen gut gedeihen. So sehr das kleine Gebäude in den konstruktiven Details durchdacht ist, so einfach war die Lösung für den Boden des Gebäudes: Das Erdreich läuft unter dem Glashaus hindurch. Es wurde im Innenraum lediglich leicht moduliert, damit der Besucher in einem wellenden Auf und Ab die Flora durchwegt. Wo Pflanzen mit einem gewissen Abstand zu den Glasfassaden stehen, wurde ein mit der Schutzwarte Sempach entwickeltes Muster angebracht, um Vogelschlag möglichst zu vermeiden.

Architektur und Natur
Obwohl das Gewächshaus mit dem mimetischen und narrativen Anspruch entwickelt wurde, den umliegenden Bäumen ähnlich zu sein, ist kein postmodernes Bauwerk und schon gar keine «Ente» im Sinne von Robert Venturi entstanden. Denn das Bild des Baumes wurde durch die Übersetzung in Geometrien zur Produktion aus Stahl und Glas so stark architektonisch abstrahiert, dass die strukturelle und tektonische Wirkung das Bildhafte stark überlagert. Damit werden beim Betrachter gleichfalls Assoziationen zu Motiven der Architekturgeschichte ausgelöst, etwa zu Schirmgewölben der späten Gotik oder zu den trichterförmigen modularen Tragstrukturen von Frei Otto. Zudem tritt die Glashülle als eigene kristalline Figur stark in Erscheinung und fügt dem Bauwerk eine dritte Lesart hinzu. Das zeigte sich deutlich, als beim Namenswettbewerb der Bank «Diamant von Grüningen» als Gewinner ausgewählt wurde. Die Architektur ist in einer

Übergangszone situiert – im Grenzbereich von natürlicher und künstlicher Umwelt, zwischen Natur und Kunst, zwischen Vergänglichkeit und Permanenz. Es ist ein Gebäude, das Prinzipien des ikonischen Bauens adaptiert, ohne sich jedoch dabei im Formalen zu erschöpfen. Es ist je nach Wettersituation ausdrucksstark und expressiv oder verschmilzt mit der Umgebung und löst sich je nach Lichtstimmung optisch sogar fast im Park auf. Mit dem Gewächshaus in Grüningen ist idA ein selbstbewusstes und zugleich dialektisches Bauwerk gelungen, das die Grenzen zwischen Architektur und Natur einerseits klar zieht aber zugleich verwischt und beide Bereiche ineinanderfliessen lässt.

Abbildungsnachweis

Cover, Klappe, 2, 4, 6, 10, 12, 14, 19, 21, 23, 29, 31: Ladina Bischof

8–9, 13, 16–17, 20, 24–25, 27: Markus Bertschi

Pläne und Bildersammlung

Abb. 1: Voronoi-Diagramm
Abb. 2: Situationsplan
Abb. 3: Dachaufsicht
Abb. 4: Detail Schnitt Stamm
Abb. 5: Detail Aufsicht Stamm
Abb. 6: Detail Grundriss Stamm
Abb. 7: Schnitt
Abb. 8: Vogelschutz
Abb. 9–10: Konzeptbilder
Abb. 11–15: Zeitungsartikel
Abb. 16: Pläne altes Schauhaus, 1978
Abb. 17: Pläne Umbau Schulgebäude, 1989
Abb. 18: Altes Schauhaus und Anzucht
Abb. 19: Schulgebäude
Abb. 20: Situationsplan Wege und Plätze, 2002
Abb. 21–22: Alter Folientunnel Anzucht
Abb. 23–30: Flora
Abb. 31–34: Wegführung
Abb. 35–39: Neues Gewächshaus Anzucht
Abb. 40–41: Fundation Schauhaus
Abb. 42–44: Vorfabrikation der Stämme
Abb. 45–47: Aufrichten der Stämme
Abb. 48: Flächengerüst
Abb. 49–52: Schweissarbeiten
Abb. 53–58: Montage der Verglasung
Abb. 59–60: Einbettung

Abb. 1–10, 18, 31–36, 39, 44, 48, 51–52, 54–55, 58–59: idA Architekten
Abb. 11–15, 19: Archiv Heimatschutzgesellschaft Grüningen
Abb. 16–17, 20: Archiv Zürcher Kantonalbank
Abb. 21–30, 37–38, 40–41, 45–47, 49, 53, 57: Martin Salm
Abb. 42–43: Tuchschmid
Abb. 50, 56: Dominique Meienberg
Abb. 60: Markus Bertschi

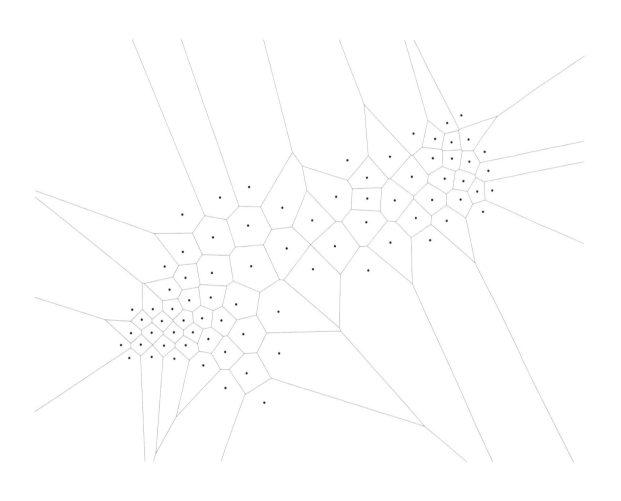

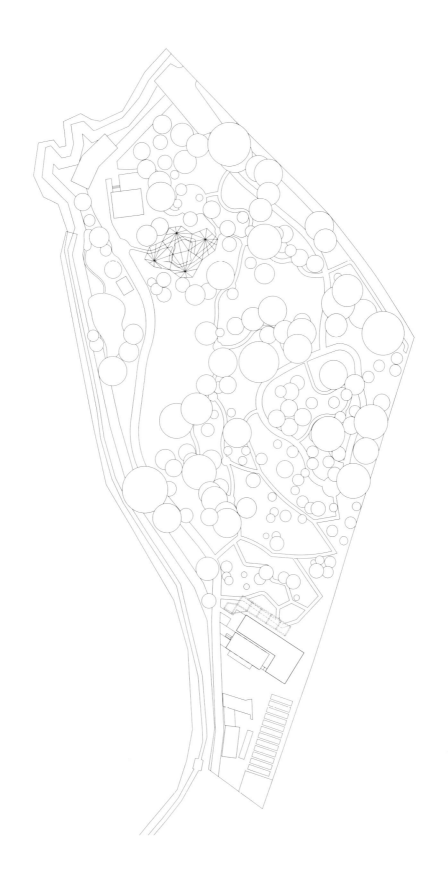

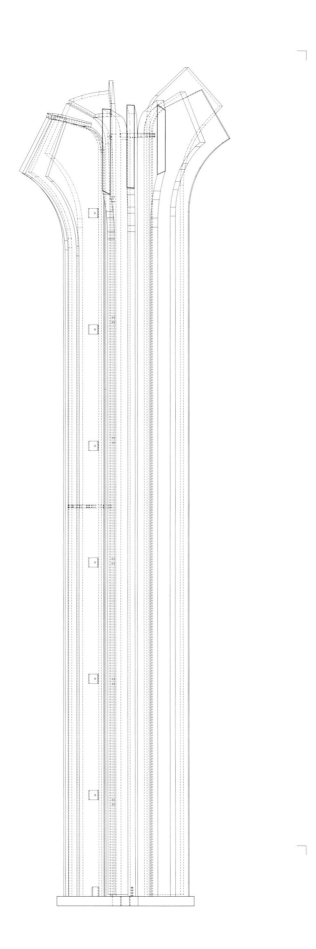

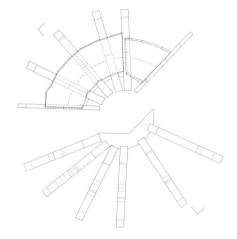

5

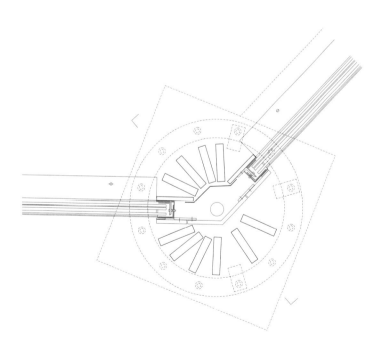

6

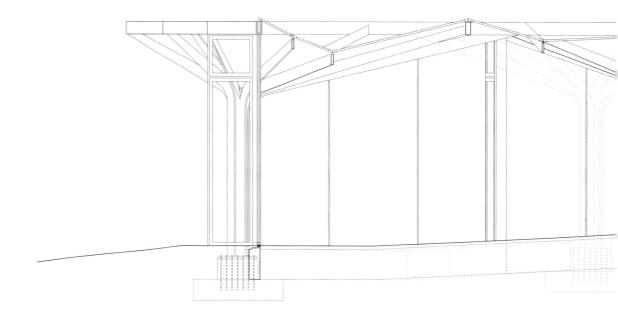

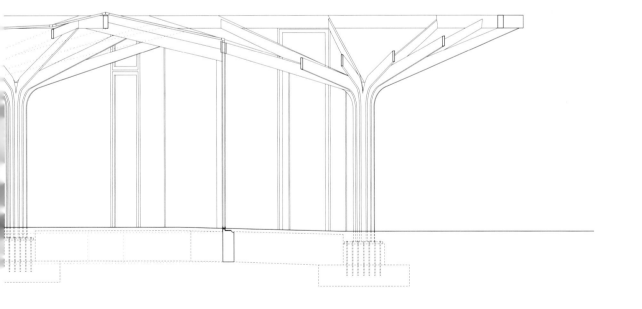

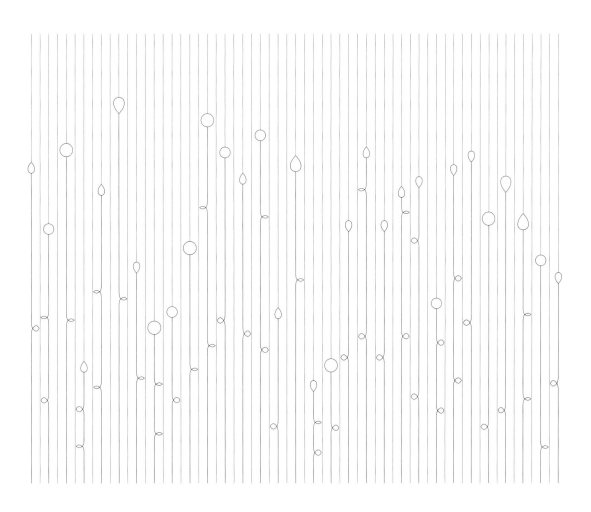

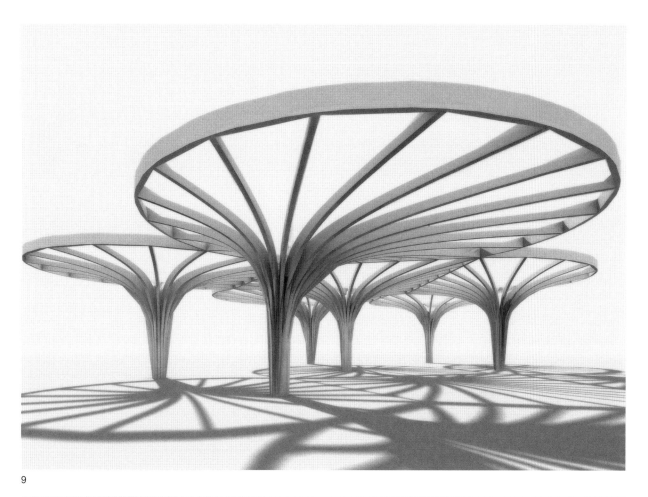

9

10

2 **züri-extra**

BOTANISCHER GARTEN

«So grün ist mein Grüningen!»

Was da klingt wie der Titel zu einem romantischen Heimatfilm, wäre in der Tat ein originelles Drehbuch wert. Hauptdarsteller: Sir Arthur. Er ist «Gralshüter» des biologisch geführten botanischen Gartens in Grüningen und Pionier-Aussteiger der frühesten sechziger Jahre.

Ein ebenso liebenswerter wie brummeliger Jünger der Ökologie, toleranter Hüter seiner launischen Naturen im exotischen Eden von Grüningen im Zürcher Oberland, ein Mann von Format (240 Pfund), der mit gewaltiger Stimme Verdi singt, während er durch die Pflanzenquartiere zieht und seine Legionen von Schützlingen hegt und pflegt – das ist Arthur Amsler. Bei feuchtem, regnerischem Wetter trifft man ihn aber auch ganz still, mit aufmerksam lauschendem Gesichtsausdruck. «Jetzt singen sie wieder, meine Pflanzen», sinniert er. «Den Regen haben sie eben besonders gern.»

Symbiosen und Minnesang

Es wird in Grüningen nie so ganz auszumachen sein, wer sich wem angepasst hat. Die eigenwilligen Pflanzen aus aller Welt ihrem eigenwilligen Schirmherrn Arthur Amsler oder umgekehrt. Die über 3000 biologisch gehaltenen Arten wachsen und gedeihen. Den Göttibatzen für ihre weitere Existenz hat die Zürcher Kantonalbank gestiftet. Nutzniesserin der Informationen, die der Garten in reichster Fülle hergibt, ist die Forschungsstation der Eidgenössischen Technischen Hochschule. Für die Vaterschaft ist Sir Arthur verantwortlich.

Angelangen hat es mit ein paar wenigen Pflanzen im Jahre 1961. Seither sind ihm die grössten der «Grünen» über den Kopf gewachsen. Die Kinder gedeihen im Eichenhain, im moorigen Rhodoretum, im Sektor Grosskoniferen. Sie haben sich im kärglichen Boden in einer Symbiose des Steingartens und des Alpinums angesiedelt. Sie büscheln sich in der Heidelandschaft, begrünen die Farnschlucht, beleben die Steppe und treiben es im Irisgarten in den buntesten Farben. Sie duften im Rosarium, als seien sie einem Minnesang des Mittelalters entsprungen.

FOTO: JEANNETTE STUDER

Sir Arthur zeigt viel Gefühl für seine «grünen Kinder».

Die botanische Revolution

Die Verwandtschaft Sir Arthurs und seiner Pflanzen ist unverkennbar und gegenseitig. Hier gibt es im «unwirtlichen» Steingarten den stacheligen Ohrenkaktus. Dort gedeiht bescheidenes, feinfühlendes Federgras, das sonst vor allem in inneralpinen Trokkentälern zu Hause ist. Erica carnea blüht, wenn es ihr danach zumute ist, sogar im Schnee. Knorrige Waldföhren, Arven und Bergföhren lassen sich nieder, wo ihnen keine anspruchsvolleren Holzgewächse Konkurrenz machen: auf sandigen, steinigen Böden trockener Orte, an mergeligen Rutschhängen oder in sauren Mooren.

Botanische Revolution ist an der Tagesordnung. Sir Arthur lässt die Revoluzzer gewähren. Er will keine strenge Zucht und zivilisierte Ordnung, kein «Grün-Museum». Und schon gar keine chemische oder wissenschaftliche, unnatürliche Nachhilfe. Der Garten soll tun und lassen, was er will. Wo es nötig ist, lenken kundige Hände das pflanzliche Geschehen. Wenn die in einschlägigen Samenkatalogen Sonnenstandorte verlangenden Blumen Halbschatten bis Schatten vorziehen, sollen sie halt.

«Wer Bäume pflanzt … gewinnt den Himmel»

Das internationale Stelldichein im «Botanischen Pestalozzidorf» Grüningen ist überwältigend. Sogar die Zeit scheint zuweilen stehengeblieben zu sein. Man trifft die Urform des Apfelbaumes mit den Mini-Früchten, die – wie Sir Arthur kommentiert – wohl kaum einen Adam zur legendären Erbsünde verführt hätten. Die Urform der Kirsche lockt hier keinen Nachbarn zum Raub, sie ist nur wenig grösser als ihr Stein …

Und Schädlinge? Dieses Wort existiert nicht in Sir Arthurs Wörterbuch. «Jedes Lebewesen hat seinen Sinn, seine Daseinsberechtigung. Kein Mensch greift ungestraft in die ökologische Ordnung der Natur ein.»

In Sir Arthurs Garten lässt es sich in der Tat gut sein. Die Pflanzen haben ihn gerne und er sie auch. Vor allem liebt er Feigen. Daher auch sein Spitzname «Signor dei fichi». Am liebsten hat er sie im Dutzend, der Feinschmecker.

«Wer Bäume pflanzt … der wird den Himmel gewinnen.» Sir Arthurs stilles Himmelreich in Grüningen ist Zeuge dafür!

Der Botanische Garten ist geöffnet vom 1. April bis 31. Oktober, täglich von 10 bis 17 Uhr, auch an Samstagen, Sonn- und Feiertagen. Eintritt gratis. Nach Vereinbarung werden auch Gruppenführungen durchgeführt.

Jeannette Studer

DONNA V UOMO

Ihre neue Boutique in der Zürcher Altstadt: Brunngasse 3 beim Hirschenplatz 8001 Zürich

11

Wechsel in Grüningen

Neuer Betriebsleiter für Botanischen Garten

Der 28jährige Martin Salm hat die Nachfolge von Arthur Amsler angetreten

ef. Voller Ideen und Tatendrang steckt der 28jährige Aargauer Martin Salm, der seit dem 1. November 1987 als neuer Betriebsleiter den Botanischen Garten in Grüningen leitet. Mehr wissenschaftliche Versuche, bessere Überschaubarkeit für die Besucher und Samenaustausch mit anderen Botanischen Gärten auf der ganzen Welt stehen dabei im Vordergrund.

Mit einer dreijährigen Lehre als Landschaftsgärtner, einer einjährigen Zusatzlehre als Baumschulist sowie drei Jahren Ausbildung am *Technikum für Gartenbau* in Wädenswil und diversen Auslandaufenthalten kennt sich der ledige Gartenbauingenieur nicht nur im praktischen Bereich bestens aus, sondern auch im technischen. Angestellt ist er je hälftig von der *Eidgenössischen Technischen Hochschule* (ETH) in Zürich und von der *Zürcher Kantonalbank* (ZKB). Obwohl fünf weitere Stellen bewilligt sind, möchte es Martin Salm vorerst mit nur vier Gärtnerinnen oder Gärtnern versuchen, denn in Grüningen gibt es nur wenige geschlossene Gewächshäuser, und die Leute müssen ja auch im Winter beschäftigt werden können,

Was ist eigentlich ein Botanischer Garten?

Gereizt hat Martin Salm bei dieser neuen Aufgabe vor allem, dass er *selbständig arbeiten und planen* kann und auch bei der Auswahl der Pflanzen eine recht grosse Entscheidungsfreiheit hat, solange sie botanisch vertretbar sind. Bei wichtigeren Entscheidungen – wie etwa der sanften Renovation, die nun bevorsteht (siehe ZO vom 31. März) – stehen ihm ein Professor der ETH sowie Fachleute des Botanischen Gartens Zürich bei.

Auf die Frage, was ein Botanischer Garten überhaupt sei, erläuterte Martin Salm den Unterschied *zwischen einem Park und einem Botanischen Garten.* Ein Park, so Salm, müsse vor allem schön aussehen, wobei es keine Rolle spiele, welche Pflanzen untereinander gemischt würden. Ein Botanischer Garten zeichne sich dadurch aus, dass Sequenzen aus der Flora gezeigt würden, die *zusammengehören* und auch in der Natur beieinander zu finden seien. Zu beachten sei dabei auch, dass nicht kultivierte gezüchtete, sondern natürliche Pflanzen gesetzt würden.

Einige Bäume mussten gefällt werden

«Da sich in den vielen Jahren – seit Bestehen des Botanischen Gartens in Grüningen – einfach zu viele Pflanzen angesammelt haben und sie sich gegenseitig bedrängen und die Nahrung wegnehmen», so Salm, «mussten wir schon einige Rottannen fällen und werden noch weitere Bäume versetzen oder absägen müssen.» Er habe erst nach drei Monaten gesehen, was für schöne und seltene Pflanzen sich hier befänden, meinte der Bauingenieur, und es sei auch wichtig für die Besucher, dass sie die Raritäten und Sehenswürdigkeiten überhaupt erkennen könnten.

Neu in Grüningen: Martin Salm. (ef)

Im weiteren sollen alle Pflanzen *angeschrieben* und zusätzliche Wege gebaut werden. Im weiteren muss ein neues Inventar erstellt werden, und in Zusammenarbeit mit der ETH sind neue Versuche im Gang.

«Für mich ist es eine schöne und interessante Aufgabe, und ich freue mich, den Besuchern etwas bieten zu können», sagte der neue Betriebsleiter. «Die Leute sehen zwar, wenn etwas gut gemacht wird, aber sie sagen es nicht. Wenn ihnen aber etwas nicht passt, schreiben sie gleich kritische Briefe an die ZKB, und deshalb schaue ich es als Lob an, wenn keine Reklamationen kommen.» Als Bitte an die Gäste und an die umliegenden Bewohner äusserte Martin Salm den Wunsch, sich erst zu überlegen oder nachzufragen, wenn man beispielsweise nicht verstehe, warum einige Bäume gefällt werden mussten, und nicht gleich Kritik zu üben.

12

2

fähr 16 Millionen Jahren zum Teil auch in der Schweiz gewachsen sind, wie unter anderem *Fossilien im Sandstein* (in Nuolen am See) beweisen. Viele dieser Pflanzen sehen den bei uns wachsenden sehr ähnlich. Eine Art Löwenzahn ist sofort zu erkennen, doch sind seine Blätter blasser, durchsichtiger, der Stengel verholzt und bildet später ein Stämmchen.

Was hier bei uns als Erika wächst, wird auf den kanarischen Inseln zu einer mehrere Meter hoch werdenden Pflanze, aus deren Wurzelholz die berühmten *Brujère-Pfeifen* geschnitzt werden. Die Pflanzen dieses Gewächshauses lassen interessante Vergleiche zu. Sie verändern ihr Aussehen, sie wachsen teilweise anders, wenn sie zu anderen Bedingungen als den auf den Kanarischen Inseln herrschenden gezogen werden. Diese Sammlung soll insbesondere dazu beitragen, europäischen Fachleuten (Botanikern, Planzensystematikern) Vergleiche und richtige *Bestimmungsgrundlagen* dieser wenig bekannten und durch den wachsenden Tourismus gefährdeten Flora zu geben.

Das Arboretum umfasst heute schon ungefähr *2000 Pflanzenarten,* darunter viele auserlesene Bäume und Sträucher, die zum Teil kaum in der Schweiz zu finden sind. Durch den globalen Tauschverkehr mit anderen Botanischen Gärten, von Hongkong bis Adelaide, von Taschkent bis Pretoria, wird Grüningen auch weit über die Grenzen der Schweiz hinaus bekannt.

Wissenschaftliche und wirtschaftliche Ziele

Peter Pretscher, der wissenschaftliche Leiter und Planer des Botanischen Gartens Grüningen, hat noch grosse Arbeit zu bewältigen. Er hofft, *im Laufe des Jahres 1972* den Garten der Öffentlichkeit zugänglich machen zu können. P. Pretscher

3

4

1 Schon lässt sich die sorgfältige Planung des Geländes erkennen: Der Garten wirkt natürlich und anmutig.

2 Ein Teil der «Wasserpartien» umstanden von schönen alten Bäumen.

3 Ein Bewohner des Kanarenhauses, Vertreter der endemischen Flora: «Aeonium Cuneatum».

4 Diese Tannenart lässt ihre Zweige, übrigens «freiwillig», nach unten wachsen.

5 und 6 Rhododendren in Blüte. Der Botanische Garten zeigt eine grosse Anlage zauberhafter Azaleen und Rhododendren.

44

13

Experten aus ganz Europa besuchten Botanischen Garten in Grüningen

Am frühen Dienstagmorgen trafen exakt einhundert Botanik-Experten für einen zweistündigen Besuch im Botanischen Garten «Im Eichenholz» in Grüningen ein. Diese Exkursion bildete nur einen kleinen Teil einer einwöchigen Studienreise durch die ganze Schweiz, zu der das Botanische Institut der Universität Zürich eingeladen hatte. Die Besucher, die alle in ihren Heimatländern als Betriebsleiter einem Botanischen Garten vorstehen, waren von der Vielfalt und der Gepflegtheit der Pflanzenwelt in diesem Zürcher Oberländer Naturreservat tief beeindruckt. Als weitere Stationen des Studienaufenthalts sind bis Ende dieser Woche Wanderungen in den Voralpen, im Wallis und am Genfersee geplant. — Unser Bild zeigt einen Teil der Expeditionsteilnehmer im Botanischen Garten in Grüningen. (vw)

14

Idyllischer Rast- und Bratplatz am Teich
Foto: B. Moser, Pfäffikon

treten immer stärker in den Vordergrund. Auch das Ziel, dem oft gestressten modernen Menschen die Schönheit und Vielfalt der Natur näherzubringen und ihm Erholung und etwas Besinnlichkeit zu schenken. Und damit auch Kinder die Natur als etwas Lebendiges, Vielseitiges, ja sogar Spannendes erfahren, haben Schulklassen die Möglichkeit, ihren Naturkundeunterricht «live» zu gestalten.

Rundgang durch den Garten

Der Botanische Garten Grüningen ist in 16 verschiedene Sektoren aufgeteilt: Gehölzsortiment, natürlicher Mischwald, Eichenhain, Rhodoretum, Alpinum, Steingarten, Irisgarten, Rosengarten, Heil- und Kräuterpflanzen, Steppe, Zwiebel- und Knollenpflanzen Kleinasiens, Sempervivum, Farne, Sumpf- und Wasserpflanzen, Warmhauspflanzen (Gewächshaus) und Wechselrabatten. Lassen Sie sich zu einem kleinen Gartenrundgang verfüh-

15

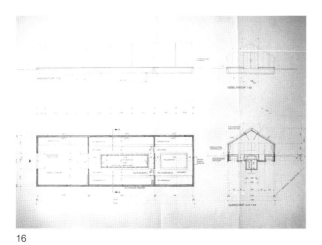

16

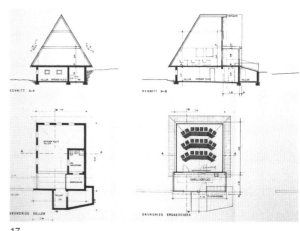

17

18

19

20

21

22

23

24

25

26

27

28

29

30

31

32

33

34

35

36

37

38

39

40

41

42

43

44

45

46

47

48

49

50

51

52

53

54

55

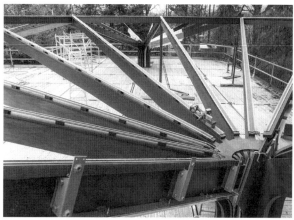
56

57

58

59

60